DIE ECHTE BUCKET LIST
für ein nachhaltiges Leben

Die ECHTE

BUCKET LIST

FÜR EIN

NACHHALTIGES LEBEN

150 Dinge

die man tun kann, um
DIE WELT ZU RETTEN

Elise De Rijck

PLAZA

ICH BIN ELISE, ANGENEHM *SHAKE HANDS*!
2015 HABE ICH MEIN ERSTES BUCH GESCHRIEBEN. DIE BUCKET LIST HAT SICH SCHNELL ZU EINEM BESTSELLER ENTWICKELT, SODASS EIN NACHFOLGER NICHT LANGE AUF SICH WARTEN LASSEN DURFTE. DESHALB HABE ICH EINE GANZE REIHE VON BUCKET-LIST-BÜCHERN GESCHRIEBEN MIT DINGEN, DIE DEIN LEBEN BEREICHERN SOLLEN – DIES IST EINS DAVON. FÜR DIE VOLLSTÄNDIGE REIHE SCHAU AUF WWW.ELISEDERIJCK.COM ODER FOLGE MIR AUF INSTAGRAM ODER FACEBOOK UNTER @ELISEDERIJCK. ICH HOFFE, DASS DU GENAUSO VIEL SPASS MIT DEM FÜLLEN DIESES BUCHES HAST WIE ICH IHN BEIM SCHREIBEN.

Die Einleitung eines Buches zu lesen gehört wahrscheinlich zu den langweiligsten Dingen, die man machen kann. Viel lieber würdest du natürlich sofort voll einsteigen mit den 150 Dingen, die ich mir ausgedacht habe. Aber wenn du hergekommen bist, um Punkt 29 abzuhaken, dann hast du dir ein Schulterklopfen verdient.

Schulterklopfen schön und gut, aber manchmal müssen wir auch ein ernstes Wort reden. Ich brauch' dir nicht zu erzählen, wie schlimm es um unseren Planeten steht. Das weisst du selbst und darüber gibt es auch viel interessantere Bücher. Aber wir erkennen nicht, dass wir unseren Lebensstil verändern müssen. Doch wie macht man das und wann hat man genug getan?

Die Spielregeln (Spoiler: gibt es hier nicht)
Du weisst selbst ganz genau, wann du einen Anschubser brauchst. Du kannst die Punkte in diesem Buch abhaken, wenn du den Auftrag ausgeführt hast, aber du kannst auch erst dann abhaken, wenn du eine neue Gewohnheit angenommen hast. Wie weit du gehen möchtest, entscheidest du selbst. Wie immer.

Bedenke, dass auch ich, die dieses Buch schreibt, kein Experte bin. Im Gegenteil. Auf einer Skala aus Socken aus Ziegenwolle bis zu einem First-Class-Flug nach Neuseeland bin ich wahrscheinlich eine Would-be-Ziegenwollensocke in der Economy Class. Ich muss auch noch viel lernen und gehe mit dir zusammen diese Aufgaben an, um unseren Planeten zu retten.

Hinten im Buch findest du Raum für eigene Ideen und ich habe einige (hoffentlich) interessante Websites zusammengesucht, die bei deinem neuen Lebensstil hilfreich sein können.

Teile deine Erfahrungen mit dem offiziellen Hashtag #MYGREENBUCKETLIST.

Hast du Anregungen, Tipps oder Hinweise? Schreib sie mir über Instagram (@elisederijck) oder über Facebook (Elise de Rijck - Books and Stuff) oder via mygreenbucketlist@elisederijck.com. Liebesbriefe können an dieselbe Adresse geschickt werden.

plastic is so last season!

FUCK YOU

YOU

plastic!

Dieses Buch gehört

------------------------,

Weltverbesserer und Optimist

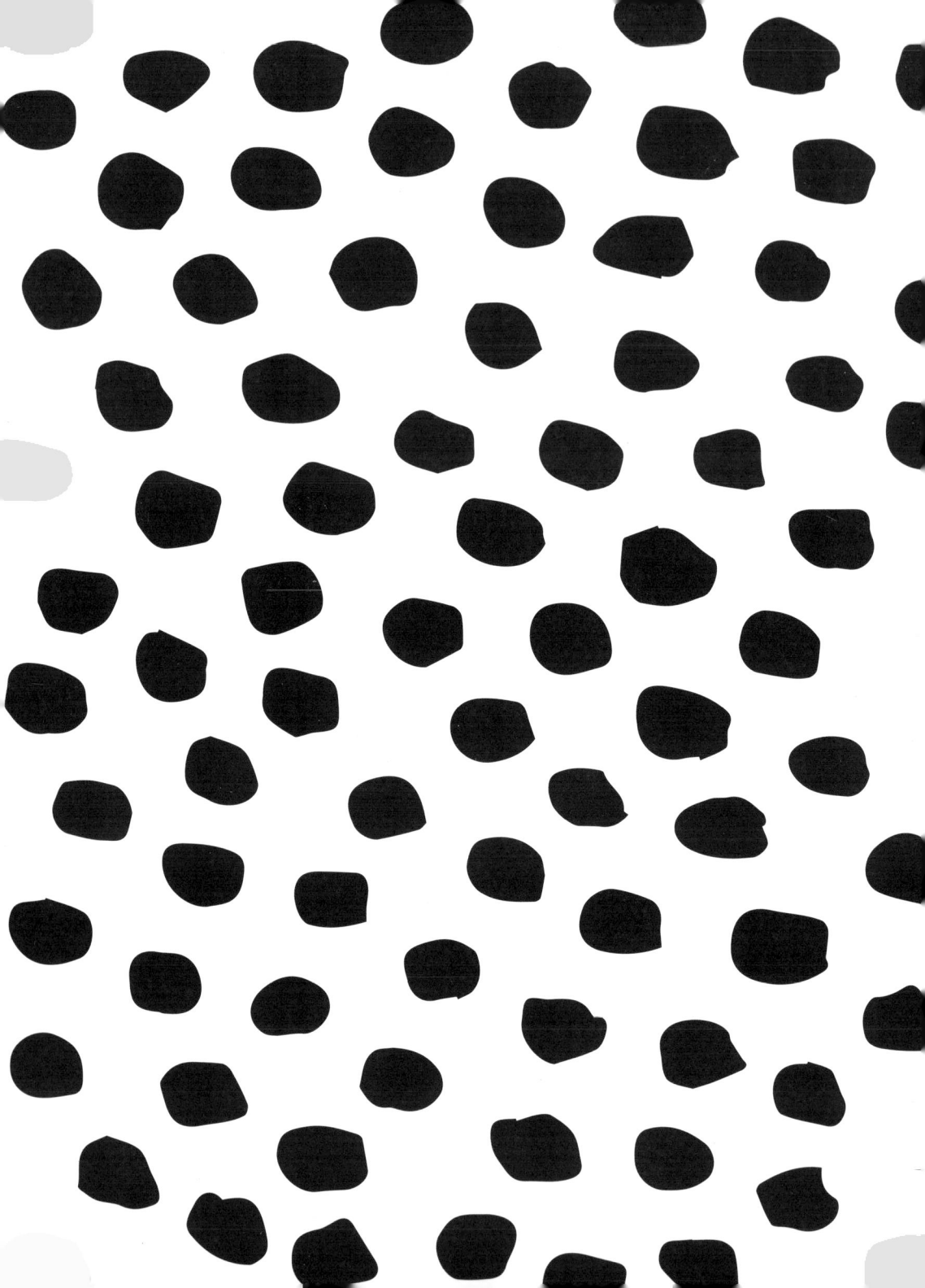

WE DON'T INHERIT
THE EARTH
FROM OUR ANCESTORS,
WE BORROW IT
FROM OUR CHILDREN.

1. ☑ Eine Bucket List anlegen.

#MYGREENBUCKETLIST

2. ☐ Gib deine leeren Batterien ab. Die Rohstoffe werden zum Beispiel zu Brillengestellen und Weckern verarbeitet.

Coooooool!
Ich glaub', der Rest des Buches wird super.

3. ☐ Fange Insekten ein und lasse sie frei, statt sie zu töten oder mit dem Staubsauger aufzusaugen.*
Auch die Spinnen im Schlafzimmer.

sorry.
ab jetzt wird's wirklich super.

* ICH WEISS, DU SCHAFFST DAS!

4. ☐ Iss ein Eis im Hörnchen. Das spart wieder einen Becher und einen Plastiklöffel.

ich sag doch, ab jetzt wird's super.

5. ☐ HÄNGE EINEN MEISENKNÖDEL IN DEN BAUM FÜR VÖGEL, DIE BEI DIR ÜBERWINTERN.

6. ☐ Dicker-Pulli-Tag!
Wie viele Pullis kannst du übereinander anziehen?_____

Gelingt dir das auch mit Socken? Lass sehen:

(Klebe hier ein Foto ein)

7. ☐ Melde dich in der Bibliothek an, damit du nicht jedes Buch selbst kaufen musst.

Klar. Ausnahme: Meine Bücher. Die kaufst du natürlich weiterhin.

#ELISEDERIJCKBOOKS

8. ☐ Klebe einen 'Keine-Werbung'- Sticker auf deinen Briefkasten.

IM INTERNET GIBT ES ZAHLREICHE MÖGLICHKEITEN, STICKER KOSTENLOS ZU BESTELLEN – AM LIEBSTEN LOKAL.

9. ☐ Stoppe deine Duschzeit
und versuche, ständig neue Rekorde
aufzustellen.

Wie schnell kannst du duschen?

DATUM   DUSCHZEIT

/ /   Min.   Sek.

das kannst du besser

/ /   Min.   Sek.

/ /   Min.   Sek.

/ /   Min.   Sek.

/ /   Min.   Sek.

/ /   Min.   Sek.

/ /   Min.   Sek.

/ /   Min.   Sek.

/ /   Min.   Sek.

/ /   Min.   Sek.

*das ist verdammt schnell, bist du denn
sicher, dass du überhaupt nass warst?*

10. ☐ Nimm an einem #beachcleanup teil.
Welchen Strand hast du dir ausgesucht? _____

11. ☐ Pflanze einen Baum!

The best time to plant a tree
was 20 years ago.
The next best time is today.

12.  Schalte den Fernseher aus und verbringe einen Abend mit Sterne gucken.

13. ☐ MACH DAS NOCHMAL, ABER SUCH DIR DIESES MAL EINEN ORT AUS, VON DEM DU DEN SONNENUNTERGANG SEHEN KANNST.

14. ☐ Mach doch mal *staycation* oder wenigstens Urlaub im eigenen Land.

15. ☐ Spiel das #Verzichtenspiel.
Je weniger du hast, desto weniger möchtest du neu haben.
Und das ist wieder gut für unseren Planeten.

All we need is less.

#MYGREENBUCKETLIST

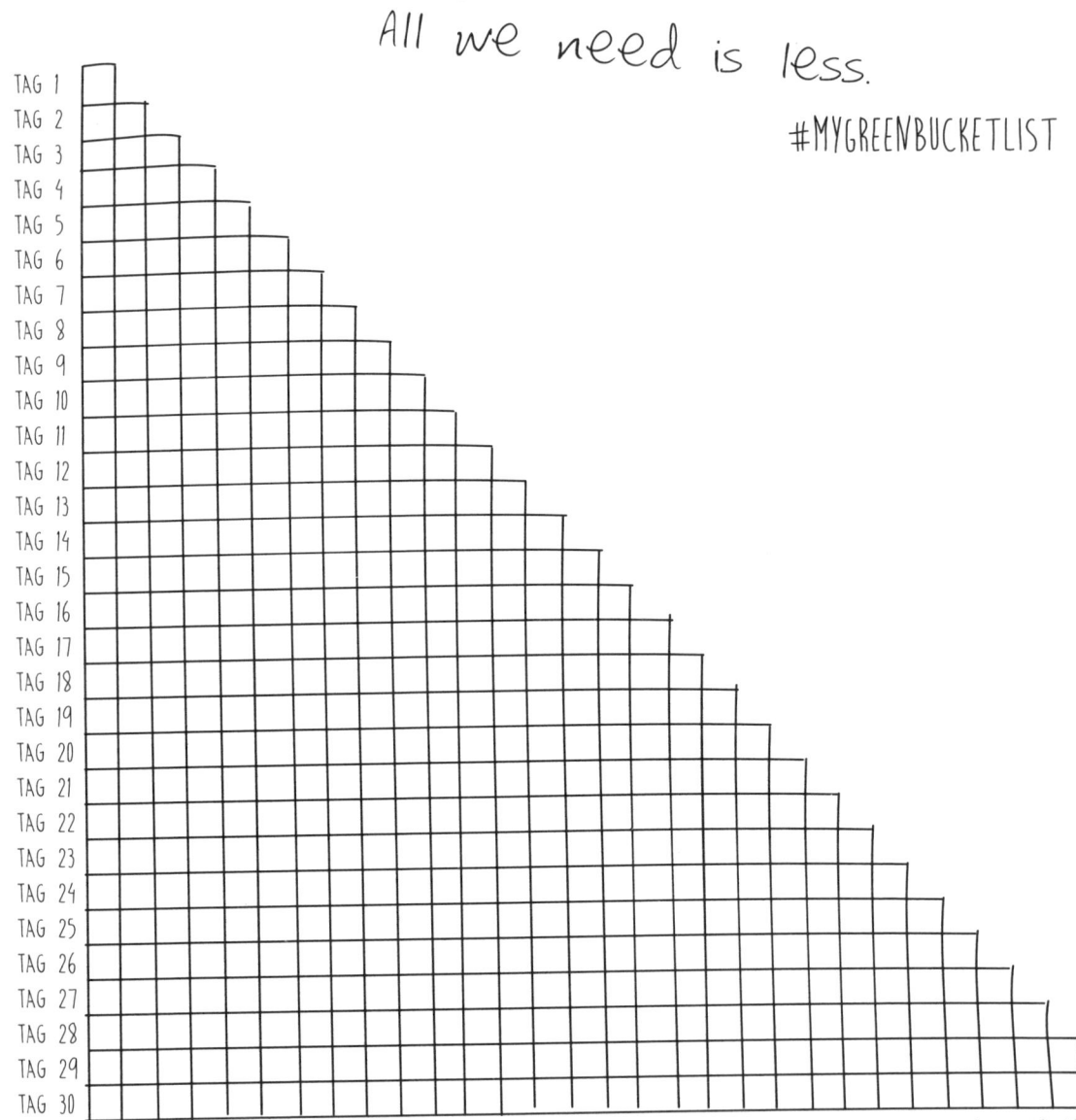

TAG 1
TAG 2
TAG 3
TAG 4
TAG 5
TAG 6
TAG 7
TAG 8
TAG 9
TAG 10
TAG 11
TAG 12
TAG 13
TAG 14
TAG 15
TAG 16
TAG 17
TAG 18
TAG 19
TAG 20
TAG 21
TAG 22
TAG 23
TAG 24
TAG 25
TAG 26
TAG 27
TAG 28
TAG 29
TAG 30

1 2 3 4 5 6 7 8 9 10 11 12 13 14 15 16 17 18 19 20 21 22 23 24 25 26 27 28 29

SO FUNKTIONIERT'S:

SUCHE JEMANDEN AUS (ODER BRINGE EINE GRUPPE

VON FREUNDEN ZUSAMMEN), UM GEMEINSAM

MINIMALISTISCHER ZU LEBEN.

AN TAG 1 VERSCHENKST DU EINE SACHE.

AN TAG 2 VERSCHENKST DU ZWEI SACHEN,

BIS AN TAG 30 DANN 30 SACHEN GEHEN MÜSSEN.

WER KANN DAS AM LÄNGSTEN DURCHHALTEN?

16. ☐ Nimm (mindestens) einen Monat lang die Treppe, sodass DU Energie verbrauchst anstelle des Fahrstuhls.

BONUS:
STRAMME WADEN GIBT'S GRATIS DAZU.

17. ☐ Mach dir einen Notizblock aus einseitig bedrucktem Papier.

Loch rein, Faden durch. KLAR!

18. ☐ Carpool Karaoke.
Suche einen Kollegen, mit dem du eine Fahrgemeinschaft bilden kannst, und singt die Rostflecken aus dem Lack.

DIE AUSWAHL DES KOLLEGEN KANN AUF SEINEM WOHNORT BASIEREN ODER AUF SEINEM GESANGSTALENT.

19. ☐ ODER NOCH BESSER: LASS DAS AUTO STEHEN! ERREICHST DU DEIN BÜRO AUCH MIT ÖFFENTLICHEN VERKEHRSMITTELN?

OUR GENERATION WILL SAVE THE PLANET.

20. ☐ LIES DIE ZEITUNG ONLINE STATT AUF PAPIER GEDRUCKT.

21. ☐ Denk dir 3 Möglichkeiten aus, Papier wiederzuverwenden:

* _____

* _____

* _____

22. SCHAU DIESE 5 DOKUMENTATIONEN AN:

- ☐ THE TRUE COST
- ☐ COWSPIRACY
- ☐ MORE THAN HONEY
- ☐ MINIMALISM
- ☐ A PLASTIC OCEAN

23. ☐ KAUF EINEN WIEDERVERWEND-BAREN TO-GO-KAFFEEBECHER.
☐ UND EINE WASSERFLASCHE FÜR (GEFILTERTES) LEITUNGSWASSER.

24. ☐ Sag es mit Kunstblumen eines
vertrauenswürdigen Floristen und lass
umweltbelastende Blumen aus dem
Supermarkt links liegen.
Wer verdient es, mit Blumen bedacht zu werden?

_____

*LOKAL HERGESTELLT IN DER LETZTEN SAISON, OHNE PESTIZIDE.

☐ Oder schenke deinen Freunden
(oder dir selbst) eine Topfpflanze.

25.☐ Bastele deine eigenen
Glückwunschkarten
aus Papierresten.

26. ☐ SAMMLE DRAUSSEN
ABFÄLLE.
WIE VIELE SÄCKE
KANNST DU FÜLLEN?

27. ☐ Ermuntere jemand anderes, genau wie du
einen nachhaltigen Lebensstil zu führen.

☐ Schenke ihm ein Exemplar dieses Buches.

ich stimme dafür!

☐ Oder inspiriere andere, indem du deine Erfahrungen
in den sozialen Medien teilst, unter dem Hashtag

#MYGREENBUCKETLIST.

28. ☐ VERMEIDE ABFALL DURCH WIEDERVERWENDEN.
GEHE DURCH DEINE WOHNUNG UND SCHREIBE ALLES AUF,
DAS NACH EINMALIGEM GEBRAUCH WEGGEWORFEN WIRD.
ERSETZE DIESE PRODUKTE – SO WEIT MÖGLICH –
DURCH WIEDERVERWENDBARE.

* PAPIERSERVIETTEN > STOFFSERVIETTEN
* KAFFEEFILTER > WIEDERVERWENDBARE KAFFEEFILTER
* FRISCHHALTEFOLIE > PLASTIK- (ODER NOCH BESSER
                                    BAMBUS-) DOSEN

* TEEBEUTEL > LOSER TEE
* EINMALSEIFENSPENDER > WIEDER AUFFÜLLBARER
                                    SEIFENSPENDER

* BATTERIEN > AUFLADBARE AKKUS
* _____ > _____
* _____ > _____
* _____ > _____
* _____ > _____
* _____ > _____
* _____ > _____

* _____ > _____

* _____ > _____

* _____ > _____

* _____ > _____

* _____ > _____

* _____ > _____

* _____ > _____

* _____ > _____

* _____ > _____

* _____ > _____

* _____ > _____

* _____ > _____

* _____ > _____

* _____ > _____

* _____ > _____

* _____ > _____

* _____ > _____

* _____ > _____

* _____ > _____

29.☐ Lies das Vorwort dieses Buches, denn ich wette, das hast du noch nicht gemacht,

blablabla...

30. ☐ BUY NOTHING DAY
☐ BUY NOTHING WEEK
☐ BUY NOTHING MONTH
☐ BUY NOTHING YEAR?

31. ☐ Setz' dich kleiner,  zieh' in ein kleineres Haus oder in eine kleinere Wohnung.

32. ☐ Geburtstag / Weihnachten / Neujahr / oder einfach so?
Wünsch' dir Quality Time
statt noch mehr Sachen anzuhäufen.

WAS STEHT AUF DEINER WUNSCHLISTE? _____

_____

_____

_____

_____

DENK AN TICKETS, EINE MASSAGE ...

33. ☐ Oder schenke jemandem Quality Time anstelle nutzloser Dinge.

Es sei denn, bei diesen Dingen handelt es sich um meine Bücher, dann schlage ich vor, das Geburtstagskind mit Sachen zu überschütten.

34. ☐ Kaufe kein unverpacktes, vorgeschnittenes
oder gewaschenes Gemüse oder Obst.
Diese Dinge sind exklusiv vorbehalten für
faule Menschen und das bist du nicht.

Und nimm deinen eigenen wiederverwendbaren Beutel
mit in den Supermarkt, um deine Rüben,
Eier und Kartoffeln zu verpacken.

35. ☐ NOCH BESSER: BAUE DEIN EIGENES OBST,
GEMÜSE UND KRÄUTER AN.

36. ☐ Think before you buy. Brauche ich das wirklich?
Warte 30 Tage, bevor du es kaufst.
Wenn du es dann immer noch willst, kauf es.

37.☐ Die Wäscheleine ist wieder hip! Hänge deine Klamotten zum Trocknen raus. Auch die bequemen Unterhosen! Show your laundry.

#MYGREENBUCKETLIST

38. ☐ Spül das Klo nur bei großen Botschaften richtig durch.
Insert lachende Kacke
Pfui Teufel!

Du brauchst das nicht mit einem Foto zu beweisen, wir glauben das auch so!

39.  MACH' ÜBERALL DAS LICHT AUS

UND GENIESS' EIN ROMANTISCHES DINNER BEI KERZENLICHT.

40. ☐ **Lass dir monatliche Rechnungen digital zuschicken.**

DAS KANNST DU BEI DEN FIRMEN, BEI DENEN DU KUNDE BIST,

ÜBER DEIN KUNDENLOGIN MACHEN.

41. ☐ Kompostiere!

42. ☐ LIES' EIN BUCH ÜBER NACHHALTIGES LEBEN.
WELCHES BUCH HAST DU GELESEN?

- - - - - - - - - - - - - - - - -

43. ☐ FEIERE DEN ZWEITEN WEIHNACHTSTAG MIT DEINEN FREUNDEN. LASS JEDEN DIE RESTE VON HEILIG ABEND MITBRINGEN UND GENIESST ZUSAMMEN EINE HERRLICHE MAHLZEIT.
☐ UND SINGT AM KAMINFEUER „FRÖHLICHE WEIHNACHT".

(Klebt hier ein Gruppenfoto ein)

NO FISH
EVER TRASHED
YOUR HOUSE.

44. ☐ Think before you print!
Oder noch besser: Kauf keinen neuen Drucker,
wenn dein alter kaputt ist.
Wenn du wirklich etwas drucken musst,
kannst du das jederzeit irgendwo anders tun.

45. ☐ FRAG' IM RESTAURANT NACH EINEM DOGGYBAG.
FÜR DEINEN HUND ... RÄUSPER ...

46. ☐ KÜNDIGE DEIN TEURES FITNESSABO
(DAS DU DOCH NICHT NUTZT)
UND GEH' ZU FUß ZUR ARBEIT / ZUR SCHULE.

47. ☐ Werde Mitglied in einem Recycling-Netzwerk und rette Dinge vor einem Schicksal auf dem Schrottplatz.

48. ☐ Stelle an deinem Arbeitsplatz / in der Schule / im Jugendzentrum / im Gemeindezentrum einen Tauschkasten auf.

49. ☐ Organisiere ein Zero-Waste-Picknick mit Freunden / der Familie. Alles, was ihr mitnehmt, muss wiederverwendbar sein. (Verpackungen, Besteck, Gläser, Strohhalme ...)

Wer etwas mitbringt, das nicht wiederverwendbar ist, muss alle Reste aufessen. Und zwar durcheinander gemischt.

50. ☐ Unterschreibe eine Online-Petition für eine gute Sache, die du unterstützen möchtest. Was liegt dir am Herzen? _____

51. ☐ Giftswap!
Organisiere einen Tauschabend mit Freunden
(zum Beispiel am 1. Januar),
zu dem jeder seine missglückten
Weihnachtsgeschenke zum Tauschen mitbringt.

52. ☐ PUTZ' DEINE ZÄHNE
MIT EINER NACHHALTIGEN ZAHNBÜRSTE AUS BAMBUS.
☐ ODER PUTZE SIE MAL NICHT.

53. ☐ Betrinke dich mit Bio-Wein oder -Bier.
Und bring' die Flaschen zum Glascontainer.

Klebe hier das Etikett ein.

54. ☐ INFORMIERE DICH
ÜBER NACHHALTIGKEITSLABEL
ODER PRODUKTVERPACKUNGEN,
SODASS DU BEWUSST EINKAUFEN KANNST.

WWW.NACHHALTIGER-WARENKORB.DE

55. ☐ Adopt, don't shop!

56. ☐ VERMEIDE ES, PRODUKTE ZU KAUFEN,
DIE EINZELN EINGESCHWEISST SIND.
(KEKSE, GETRÄNKE ETC.)
GIBT ES IN DEINER NACHBARSCHAFT EINEN
„UNVERPACKT"-SUPERMARKT?
DANN GEH' DORT EINKAUFEN.

57. ☐ Wasche deine Kleidung regelmäßig auf niedriger Temperatur und stelle die Waschmaschine nur an, wenn sie voll ist.

58. ☐ GIB' DEINEN PFLANZEN ABENDS WASSER,
UM DAS VERDUNSTEN ZU VERMEIDEN.

59 ☐ Hilf' den Bienen mit blühenden Pflanzen
auf deinem Balkon / deiner Terrasse.
Schau' nach einheimischen Sorten.

60. ☐ HÄNG' EIN VOGELHÄUSCHEN AUF.

61. ☐ Werde Direktor
deines eigenen Bienenhotels.
Hoffentlich hast du brave Gäste.

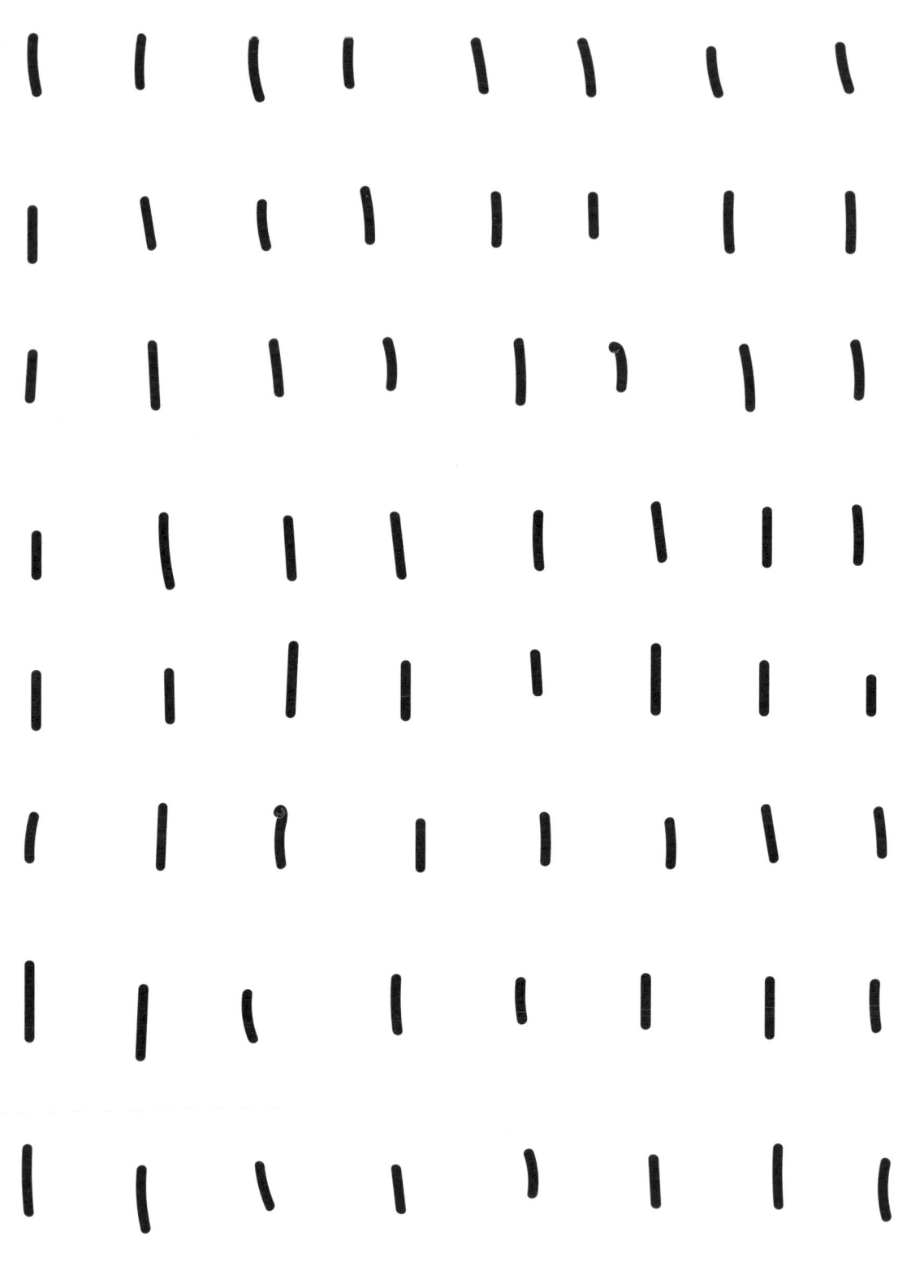

THE GREATEST THREAT TO OUR PLANET

IS THE BELIEF THAT SOMEONE ELSE WILL SAVE IT.

62. ☐ Nimm' teil an einer veganen Challenge.
    ☐ Oder mach' eine Tradtition aus #meatlessmonday.

63. ☐ Stell' eine Regentonne in deinen Garten oder auf deine Terrasse
    und benutze das Wasser zum Blumen gießen.

64. ☐ Lass' deine Schuhe
beim Schuster reparieren.

65. ☐ KAUFE LOKAL!

DENK' BEWUSST NACH ÜBER DIE ENTFERNUNG,
DIE EIN PRODUKT ZURÜCKGELEGT HAT, BIS ES IN DEINEM SUPERMARKT ANKOMMT.

UNTERSUCHE 15 LEBENSMITTEL IN DEINEM KÜHLSCHRANK:

----

66. ☐ Verschenke alte Sachen,
Kleidung, Elektronik, Möbel,
sodass sie nicht auf der Müllkippe landen.

67. ☐ Organisiere ein Suchspiel mit Freunden
in der Natur – oder geh' allein.

Diese Dinge müsst ihr finden:

☐ Einen Laubbaum
☐ Eine Spinne in ihrem Netz
☐ Einen schönen Stein
☐ Sperrmüll
☐ Einen Ast
☐ Etwas Gelbes

68. ☐ TRINKE (GEFILTERTES) LEITUNGSWASSER
UND LASS' PLASTIKFLASCHEN
IM SUPERMARKTREGAL.

69. ☐ Lass' das Gras mal wachsen.
Lass' das Gras mal wachsen.
Lass' das Gras mal wachsen
und schneid' es nicht mehr ab.
Das finden Bienen, Schmetterlinge und andere Insekten
viel schöner als so 'ne große Grastapete.

70. ☐ Nimm' teil
an Projekt 333.

äh ... was?

Suche 33 Dinge aus deinem Kleiderschrank
(Klamotten, Schuhe, Accessoires) aus
und trage diese Sachen in den nächsten
drei Monaten.

71. ☐ Fahre weniger Kilometer.
Schreibe jeden Monat auf, wie viele Kilometer du gefahren bist und versuche, im nächsten Monat weniger zu fahren.

Januar	km
Februar	km
März	km
April	km
Mai	km
Juni	km
Juli	km
August	km
September	km
Oktober	km
November	km
Dezember	km

72. ☐ Boykottiere Strohhalme und Wegwerfbesteck.

*Plastic straws
are for suckers!*

73. ☐ MACH' DIR DEINE EIGENEN NACHHALTIGEN PUTZMITTEL.

LUFTERFRISCHER: * 100 G SPÜLMASCHINENSALZ
* 8-12 TROPFEN ÄTHERISCHES ÖL
* 1 GLAS MIT DECKEL /
SCHRAUBVERSCHLUSS

SO GEHT'S: MISCHE DAS ÖL MIT DEM SALZ
UND GIESSE ES IN DAS GLAS.
BOHRE LÖCHER IN DEN DECKEL. KLAR!
JETZT KANNST DU UNBESORGT EINEN FAHREN LASSEN.

74. ☐ Oder gehe noch einen Schritt weiter und mach auch deine eigenen Kosmetika.

75. ☐ Nimm kaltes Wasser zum Hände waschen.

brrrrrr!!

76. ☐ Entscheide dich für Fair Fashion statt für Fast Fashion.

YOUR SHIRT SHOULD COST MORE THAN YOUR COFFEE.

77. ☐ Kaufe Secondhand.

Was ist das beste Stück, das du gefunden hast.

GREEN
is the
NEW BLACK.

78. ☐ NIMM DEINE EIGENE WIEDERVERWENDBARE TASCHE
MIT IN DEN SUPERMARKT –
UND KAUF' NICHT JEDES MAL EINE NEUE ...

79. ☐ Investiere in einen wassersparenden Duschkopf.

 **80.** ☐ GO ZERO WASTE

ODER: VERSUCHE MÜLLFREI ZU LEBEN. MACH' DIR BEWUSST,
WIE VIEL MÜLL DU WÖCHENTLICH PRODUZIERST UND VERSUCHE,
DIE MENGE JEDE WOCHE ZU UNTERBIETEN, BIS NICHT MEHR
ALS EIN MARMELADENGLAS PRO WOCHE ÜBRIG BLEIBT.

81. ☐ Entscheide dich für lokale, handgemachte Produkte
anstelle von Massenware.

when you support a small business,
you're supporting a dream.

82. ☐ ORGANISIERE EINE KLAMOTTENTAUSCH-PARTY MIT DEINEN FREUNDINNEN.

SO GEHT'S:

ALLE BRINGEN KLAMOTTEN MIT, DIE SIE NICHT MEHR TRAGEN, ABER NOCH IN PERFEKTEM ZUSTAND SIND. SÄMTLICHE KLEIDUNGSSTÜCKE WERDEN AUF EINEN KLEIDERSTÄNDER GEHÄNGT ODER AUF STAPEL GELEGT. JETZT WIRD ES ZEIT, ALLES ANZUPROBIEREN, WAS DU SCHÖN FINDEST, UM DER KLEIDUNG NEUES LEBEN ZU GEBEN. DAS, WAS ÜBRIG BLEIBT, BRINGT IHR ZUR KLEIDERKAMMER. BEI GROSSEN GRUPPEN (UND UM DISKUSSIONEN ZU VERMEIDEN) KÖNNT IHR AN JEDES KLEIDUNGSSTÜCK PUNKTE VERGEBEN NACH MARKE UND QUALITÄT UND SO EINE VERSTEIGERUNG ORGANISIEREN. DIE PERSON, DIE AM MEISTEN PUNKTE BIETET, DARF DAS STÜCK MIT NACH HAUSE NEHMEN.

83. ☐ Lass' dich in einer biologisch abbaubaren Kiste beerdigen.

wenn du tot bist.

warte noch ein bisschen damit!

84. ☐ Starte deinen Tag mit 10 Minuten Stretching, Yoga oder Meditation, damit du mit einem frischen Kopf als Klimaheld starten kannst.

85. ☐ EDUCATE YOURSELF. LIES BÜCHER, SCHAU' DOKUMENTATIONEN UND SCHAUE INTERESSANTE TALK-RUNDEN ÜBER DIE ERDERWÄRMUNG. DENN WENN DU DAS AUSMAß DES PROBLEMS BEGREIFST, BIST DU ECHT MOTIVIERT, SELBST SCHRITTE IN DIE RICHTIGE RICHTUNG ZU TUN. WAS ÜBERRASCHT DICH AM MEISTEN?

86.☐ Lade Freunde zum Essen ein.

Ihr verbraucht – im Vergleich – weniger Energie,
wenn ihr größere Portionen kocht.
Zumindest, wenn deine Freunde
nicht mit dem Auto kommen.

87. ☐ DENKE DIR AUS LOKALEN,
SAISONALEN PRODUKTEN
VIER "EINPFANNEN"-GERICHTE AUS.

FRÜHLING: _____

SOMMER: _____

HERBST: _____

WINTER: _____

88. ☐ Stimme beim Urnengang für die richtige Partei.

Aber welche Partei ist das?

89. ☐ SETZE DICH AN EINEN RUHIGEN PLATZ
IN DER NATUR UND SCHREIBE ZEHN SCHÖNE DINGE AUF,
DIE DU UM DICH HERUM SIEHST.

* _____
* _____
* _____
* _____
* _____
* _____
* _____
* _____
* _____
* _____

UMKRINGELE DIE DINGE, DIE DER KLIMAERWÄRMUNG
ZUM OPFER FALLEN WERDEN.

OUR PLANET
IS GETTING HOTTER
THAN MY IMAGINARY
BOYFRIEND.

90.

☐

Adoptiere ein Huhn.

91. ☐ SUCH' DIR EINEN BUDDY,
DER MIT DIR ZUSAMMEN EINEN NACHHALTIGEN
LEBENSSTIL REALISIEREN WILL. EXTRASCHÖN:
IHR KÖNNT EUCH GEGENSEITIG TIPPS GEBEN.
WIN-WIN!

Klebt hier ein gemeinsames Foto ein.

92. ☐ KAUF' KEINE GEDRUCKTEN MAGAZINE.
ABER WENN DU ES ECHT NICHT LASSEN KANNST,
SORGE DAFÜR, DASS AUCH ANDERE SIE LESEN KÖNNEN.
LASS' SIE BEI DEINEM HAUSARZT, ZAHNARZT, FRISEUR ...

93. ☐

GRÜNE VORSÄTZE! MIT GUTEN VORSÄTZEN STARTEN WIR INS NEUE JAHR, ABER MIT GRÜNEN VORSÄTZEN BRAUCHST DU NICHT AUFS NEUE JAHR ZU WARTEN.

NOTIERE DREI DINGE, DIE DU TUN WILLST,
UM DEN PLANETEN ZU RETTEN:

* -----------------------------------

* -----------------------------------

* -----------------------------------

94. ☐ ARBEITE, WENN MÖGLICH, VON ZU HAUSE AUS.

#PJSALLDAY

95. ☐ Analysiere deinen persönlichen Einfluss auf den Planeten.

Du kannst deinen ökologischen Fussabdruck berechnen via www.fussabdruck.de

Mein Fussabdruck beträgt _____ am _/_/_

96. ☐ ERSETZE ALLE LAMPEN IN DEINEM HAUS / DEINER WOHNUNG DURCH LED-LEUCHTEN ODER ANDERE NACHHALTIGE(RE) LEUCHTMITTEL.

GO GREEN
before
THE GREEN
GOES.

97. ☐ BESUCHE EINEN KURS, LERNE IMKERN,
GÄRTNERN, RECYCLEN.
WAS MÖCHTEST DU LERNEN?_____

98. ☐ Wechsle auf Grünen Strom.

99. ☐ Installiere eine Solaranlage
auf deinem Dach.

100.

☐

KAUFE EIN STÜCK
REGENWALD.

101. ☐ Sei ein Held und rette ein Tier.

102. ☐ Restestag!

103. ☐ Fühle dich eins mit der Natur,
mach eine extra lange Wanderung.

104. ☐ Denke dir etwas aus,
um diesem Buch ein zweites Leben zu geben.

Klopapier?

105. ☐ Mülltrennung. Selbstredend,
aber gibst du wirklich dein Allerbestes?

Wie sortierst du?

_____

_____

_____

_____

_____

_____

106. ☐ Sag Nein zu Trends.

Sie sind verlockend, aber dauern meist nicht lange.
Und sie verursachen viel Extra-Abfall.

Welchen Trend lässt du bewusst aus?

THE MOST
ENVIRONMENTALLY
FRIENDLY PRODUCT

IS THE ONE YOU DID NOT BUY.

107. ☐ Werde ein Vorbild und inspiriere andere.
(nicht zwingen).

108. ☐ BESUCHE EIN REPAIRCAFÉ
UND HAUCHE DEINER KAFFEEMASCHINE
EIN ZWEITES LEBEN EIN.

**109. ☐ Dusche plastikfrei.
Ersetze Shampoo und Duschgels
durch verpackungsfreie Alternativen
wie festes Shampoo
und Seifenstücke.**

110. ☐ Schaffe Raum auf deinem Smartphone
für diese Apps:

* Too Good To Go
Rette gutes Essen und bekämpfe Food Waste.

* Recycling Master
Bei diesem Geschicklichkeitsspiel kannst du zeigen, was
du über die richtige Entsorgung deines Smartphones,
alter Socken oder auch defekter LEDs weißt. Kurz:
Hier lernst du das richtige Entsorgen ganz spielerisch.

* ReplacePlastic
Mit dieser App scannst du die Barcodes von Produkten,
die du verwenden oder kaufen würdest, um dem
Hersteller mitzuteilen, dass du dir dafür
Verpackungen ohne Plastik wünschst.

Finde selbst noch vier weitere interessante Apps:

* _____

* _____

* _____

* _____

111. Kann Kunst die Welt retten? Wenn du sie recyclest, bestimmt.
Gestalte ein Kunstwerk aus Materialien,
die sonst auf dem Abfallberg gelandet wären.

112. ☐ Stricke ein Paar Wollsocken.
Dress the part!

113. ☐ Tauschhandel.
Starte mit etwas Kleinem und versuche
es gegen etwas Grösseres zu tauschen.
Behalte es, solange du es schön findest.
Was ist dein Tauschobjekt?

_____

114. ☐ Sprich mit deiner Familie darüber,
dass ihr euch zu Weihnachten nur
Secondhand-Geschenke kauft.

115. ☐ Auf jeden Topf passt ein Deckel.
Lege beim Kochen immer den Deckel auf Topf oder Pfanne.

ONLY WHEN THE LAST TREE
HAS DIED,
THE LAST RIVER BEEN POISONED
AND THE LAST FISH BEEN CAUGHT —
WE WILL REALIZE WE CANNOT
EAT MONEY.

116. ☐ Recycling-Toilettenpapier
muss kein Schmirgelpapier sein.
Probier' es aus!

117. ☐ Kaufe einen Monat lang keine Getränke oder Convenience-Foods
(Belegte Brötchen oder Pizza außer Haus).

118. ☐ Investiere in einen guten Stift,
sodass bei dir zu Hause nicht
hunderte Gratis-Kulis herumliegen.

119. ☐ Kauf' Obst und Gemüse auf dem Markt
statt im Supermarkt.

120. ☐ Wie lange kannst du dich unter Menschen
begeben, ohne deine Haare zu waschen?

#NOPOOCHALLENGE

WASCH' DEINE HAARE FÜR DIESE CHALLENGE MAL MIT
NATRIUMBICARBONAT + WASSER (1 EL / 200 ML).

121. ☐ PROBIER' FUROSHIKI* HINZUBEKOMMEN,
UM KEIN GESCHENKPAPIER KAUFEN ZU MÜSSEN.

*Furoshiki ist eine japanische Art,
Geschenke mit einem Geschirrtuch einzupacken.

BE PART OF THE SOLUTION.

NOT PART OF THE POLLUTION.

122. ☐ Bildet bei der Arbeit ein „Green Team"
und überlegt euch, wie ihr euren Arbeitsplatz
nachhaltiger gestalten könnt.

(Klebe hier ein Teamfoto ein)

Schüler? Macht das gleiche in der Schule.

123.

☐

Repariere den tropfenden Wasserhahn.

124. ☐ Rette schrumpelige Äpfel, Paprika und Radieschen etc. vor dem Abfallcontainer, indem du gerade SIE kaufst.

125. ☐ Iss saisonales Obst und Gemüse

JANUAR

FEBRUAR

MÄRZ

JULI

AUGUST

SEPTEMBER

Notiere in dem Kalender, welche Obst- und Gemüsesorten
in welchem Monat verfügbar sind.

ich hätte das für dich machen können,
aber ich bin faul und du nicht.

APRIL

MAI

JUNI

OKTOBER

NOVEMBER

DEZEMBER

126. ☐ Leihe dir von Freunden die Sachen aus,
die du nicht oft brauchst und verleihe deine Sachen auch.

127. ☐ **Plane deine Mahlzeiten für eine Woche und stimme sie aufeinander ab, sodass du so wenig Abfall wie möglich produzierst.**

128. ☐ MACHE EIN #CLEANUPSELFIE VON DIR.

129. ☐ MACHE EIN ÖKO-SABBATICAL. KAUFE NICHTS, VERSCHWENDE NICHTS UND VERBRAUCHE SO WENIG WASSER UND ENERGIE WIE MÖGLICH. WIE LANGE SCHAFFST DU DAS?

130.

☐

Streue Blumensamen wie Konfetti auf die Verkehrsinsel im Kreisverkehr. Lang leben die Bienchen!

131. ☐ Besteige einen Berg, sodass du die Welt auch mal von oben sehen kannst.

IT'S JUST

ONE STRAW.

...SAID

8 BILLION PEOPLE.

132.

☐

Sammle am Strand
33 Zigarettenkippen.

133. ☐ Gehe Tauchen oder Schnorcheln, damit du
mit eigenen Augen sehen kannst,
wie sehr die Korallenriffe von unserem Lebensstil
geschädigt werden.

134. ☐ Kompensiere den CO_2-Ausstoß
deines Fluges.

135. ☐ Aus wie viel Prozent Grün besteht unsere Erde
genau zum jetzigen Zeitpunkt? _____
Und wie viel Prozent waren es in deinem Geburtsjahr? _____

136. ☐ Lebe 24 Stunden ohne Strom!
Das willst du sicher auch zeigen #nowifi
Was hast du in den 24 Stunden alles gemacht?
Male ein Tortendiagramm deiner Aktivitäten!

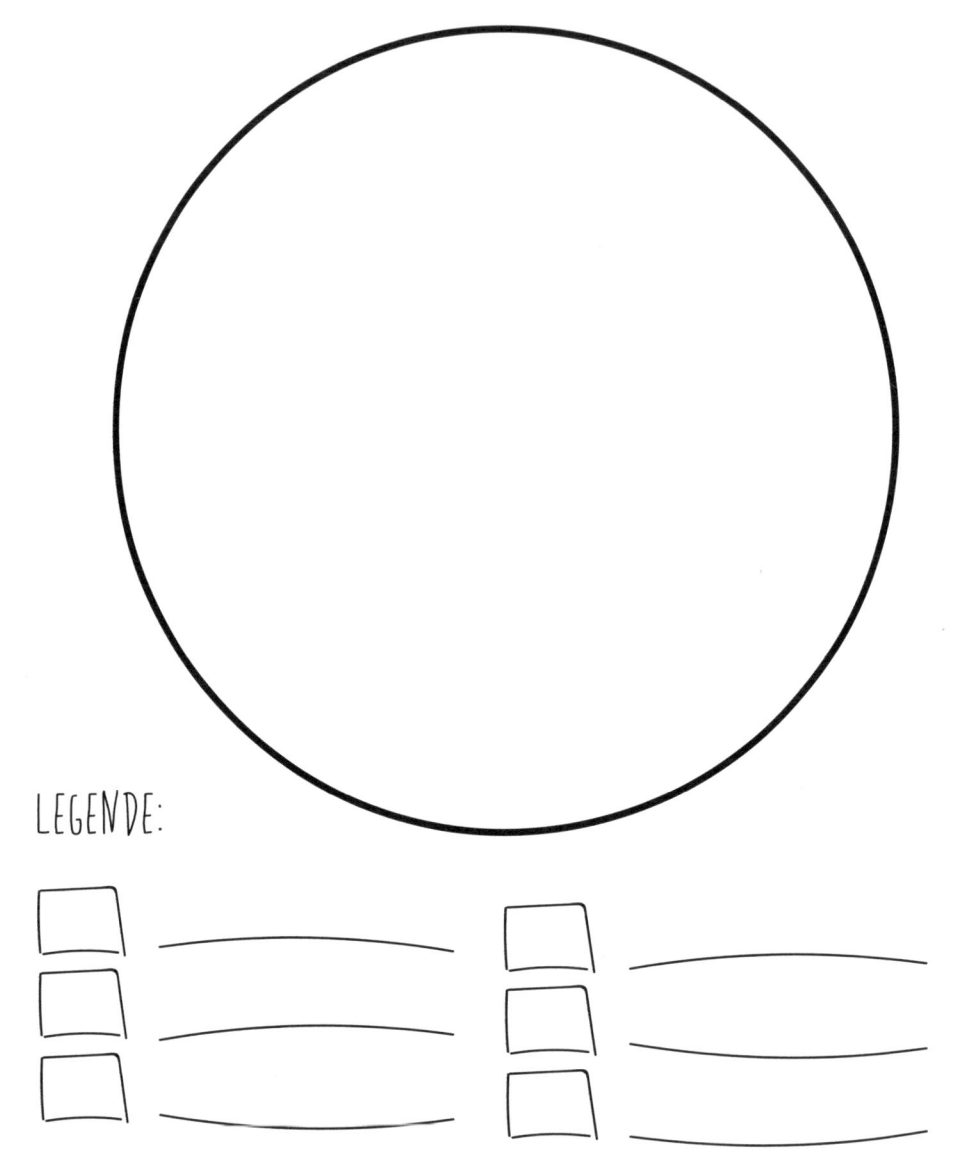

LEGENDE:

137. ☐ Werde ein Klima-Guerilla-Künstler.
Schreibe mit Kreide grüne Botschaften
auf die Straße.

138. ☐ Was ist deine Motivation, um bewusster zu leben?

----

139. ☐ Spende für eine gute Sache.

Was hast du ausgesucht?

----

140. ☐ Mache ein Foto deines Lieblingszitats aus diesem Buch und teile es in den sozialen Medien, um andere zu inspirieren.

#MYGREENBUCKETLIST

141. ☐ EXKLUSIV FÜR MÄDCHEN:
FINDE EINE ALTERNATIVE FÜR BINDEN UND TAMPONS.

142. ☐ Exklusiv für Jungs:
Investiere in einen guten Rasierer,
um Wegwerfklingen zu vermeiden.

143. ☐ Exklusiv für Eltern mit einem Baby im Haus: Benutzt waschbare Windeln für die kleinen „Stinker"!

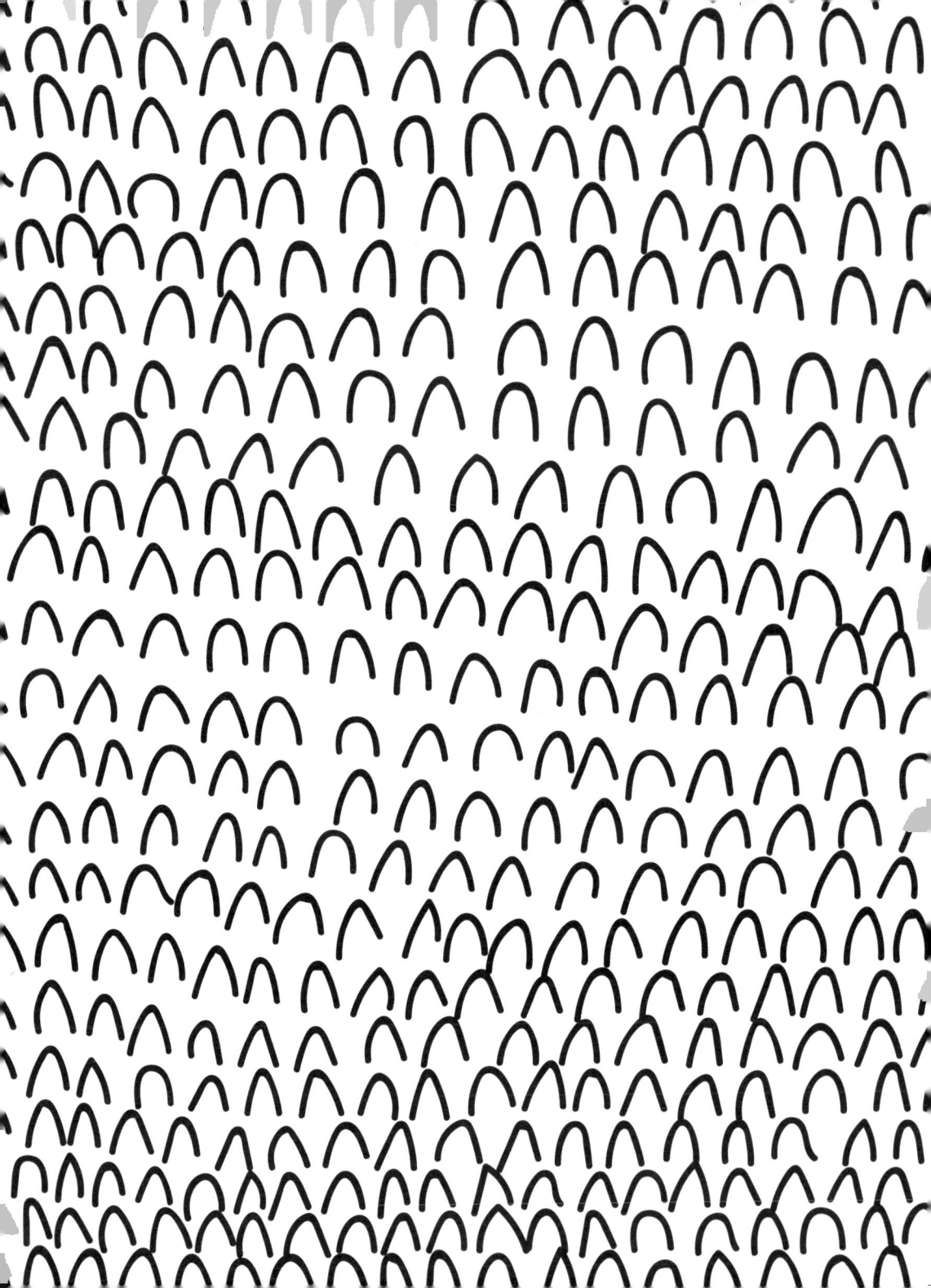

I WANT
TO LIVE IN
A WORLD WITH
MORE FISH
THAN PLASTIC
IN THE SEA.

144. ☐ GEHE KREATIV AN DEN KLEIDERSCHRANK
UND GIB DEN KLAMOTTEN
EIN ZWEITES LEBEN.
IST DAS SHIRT ECHT EIN HOFFNUNGSLOSER FALL?
DANN SCHNEIDE ES IN STREIFEN
UND BENUTZE ES ZUM SCHUHE PUTZEN.

145. ☐ SETZE EIN PAAR HÜHNER IN DEINEN GARTEN.
TOK TOK TOK.

146. ☐ Koche eine 100 % vegane Mahlzeit. Guten Appetit!

147. Was ist deine umweltschädlichste Gewohnheit?

☐ Lass' es sein!

148. ☐ GEH PLOGGEN*!

* PLOGGEING = JOGGEN UND DABEI
MÜLL EINSAMMELN.

149. ☐ Habe ich etwas vergessen?
Denke dir selbst eine Aufgabe aus, denn mir geht die Inspiration aus.

EVERY BIT OF PLASTIC
EVER MADE
STILL EXISTS
SOMEWHERE.

150.

Alle Aufgaben
dieses Buches abhaken.

TIPPS FÜR EINEN NACHHALTIGEN LEBENSSTIL!

Diese Übersicht ist — natürlich — nicht vollständig. Finde selbst noch mehr Möglichkeiten, nachhaltig zu leben und vervollständige diese Liste. Teile deine besten Tipps mit #mygreenbucketlist.

BUCHTIPS
* Bye-bye Plastik! Besser leben ohne Plastik, Sophie Noucher
* Zero Waste. Weniger Müll ist das neue Grün, Shia Su
* Zero Waste Küche, Sophia Hoffmann
* This is a Good Guide for a Sustainable Lifestyle, Marieke Fyskoot
* Bienen züchten in der Stadt, Gaelle de Broissie und Julien Desodt
* Nützlinge im Garten, Ursula Kopp
* _____
* _____
* _____

WEBSITES & BLOGS
* www.fussabdruck.de
* www.nachhaltiger-warenkorb.de
* www.zero-waste-deutschland.de
* www.zerowaste-germany.com
* www.zerowastefamilie.de
* www.utopia.de
* _____
* _____
* _____
* _____

ZERO WASTE WEBSHOPS

* www.original-unverpackt.de
* www.einfachzerowasteleben.de
* www.zerowasteladen.de
* www.tante-olga.de
* www.monomeer.de
* www.naturalou.de
* _____
* _____
* _____
* _____
* _____

NACHHALTIGE WEBSHOPS

* www.beechange.com
* www.memo.de
* www.memolife.de
* www.kivanta.de
* www.grueneerde.com
* www.avocadostore.de
* www.waschbaer.de
* www.mehr-gruen.de
* www.lilligreenshop.de
* _____
* _____
* _____
* _____
* _____

APPS

* TooGoodToGo
* Recycling Master
* ReplacePlastic
* _____
* _____
* _____
* _____
* _____
* _____

MODE

* www.wunderwerk.com
* www.greenality.de
* www.bleed-clothing.com
* www.armedangels.de
* www.oceanchildswim.com (Bademode aus Plastikmüll)
* _____
* _____
* _____
* _____
* _____
* _____
* _____
* _____
* _____
* _____
* _____
* _____

KOSMETIK

* www.lush.de (Verpackungsfrei)
* www.lamazuna.de (Verpackungsfrei)
* www.suntribesunscreen.com (Riffsichere Sonnencreme)
* www.hydrophil.com (Bambus-Zahnbürsten)
* _____
* _____
* _____
* _____

BABYS UND KINDER

* www.bambinomio.com (Waschbare Windeln)
* www.biobuddi.com (Umweltfreundliches Spielzeug)
* www.greenstories.de (Mode, Spielzeug)
* www.windelmanufaktur.com
* _____
* _____
* _____
* _____

WOHNEN

* www.wohngesund-bauen.com
* www.nachhaltigesbauen.de (Informationen des Bundesministeriums
  des Innern, für Bau und Heimat)
* _____
* _____
* _____
* _____
* _____

REISEN

* www.co2logic.com (CO$_2$ kompensieren)
* www.viabono.de (Nachhaltigkeits-Zertifikat für Reisen)
* _____
* _____
* _____
* _____
* _____

SONSTIGE

* www.fairphone.com
* www.tekspaks.com (Geschenkpapier aus Stoff)
* www.planetpaket.de (100% recyclebares Geschenkpapier)
* _____
* _____
* _____
* _____
* _____
* _____
* _____
* _____
* _____
* _____
* _____

WOOO HOOO!

DIESES BUCH IST

FSC-ZERTIFIZIERT!

5 TIPPS FÜR DEINE GRÜNE BUCKETLIST

1. Schreib' deine eigene Bucket List. Durch das Aufschreiben deiner TO DOs wirst du sie eher verwirklichen. Die Liste ist ein Versprechen, dass du dein Bestes geben wirst, unseren Planeten zu retten. In diesem Buch findest du 150 Vorschläge, aber du hast sicherlich noch andere Ideen. Auf den folgenden Seiten kannst du sie alle loswerden.

2. Sorg' für Abwechslung. Achte darauf, dass deine Liste ausgewogen ist, was große und kleine Herausforderungen angeht. Die einfachen Dinge sollen dafür sorgen, dass du motiviert bleibst, um auch die schwierigeren Punkte zu verwirklichen.

3. Bleib' motiviert! Erinnere dich regelmäßig daran, warum du dies alles tust. So bleibst du motiviert, alles umzusetzen.

4. Teile deine Erfahrungen und inspiriere andere! Durch das Teilen deines neuen Lebensstils mit Freunden und Familie (oder warum nicht mit dem Rest der Welt?) kannst du sie motivieren, selbst aktiv zu werden. Und es soll dir dabei helfen, motiviert zu bleiben und so viele Punkte wie möglich abzuhaken. Du möchtest doch nicht, dass jemand denkt, du gibst auf, oder?

5. Geniesse es! Zweifellos der wichtigste Tipp, den du bekommen kannst: hab' Spaß!

#mygreenbucketlist

ist ein Imprint der

HEEL Verlag GmbH
Gut Pottscheidt, 53639 Königswinter
Tel.: 02223 9230-0, Fax: 02223 9230-13
E-Mail: info@heel-verlag.de
www.heel-verlag.de

Deutsche Ausgabe: © 2019 HEEL Verlag GmbH

Originalausgabe: © Uitgeverij Lannoo NV, Tielt 2019

Originaltitel: *Het Bucket list boek voor een groene wereld.*
150 dingen die je kunt doen om de wereld te redden
Original-ISBN 978-91-011-6211-2

Text und Illustrationen: Elise De Rijck
Satz: Keppie & Keppie

Deutsche Ausgabe:
Übersetzung und Projektleitung: Christine Birnbaum und Ulrike Reihn-Hamburger

Printed in Czech Republic

ISBN 978-3-96664-007-7